INSTITUT DE FRANCE

—

ACADÉMIE DES SCIENCES MORALES ET POLITIQUES

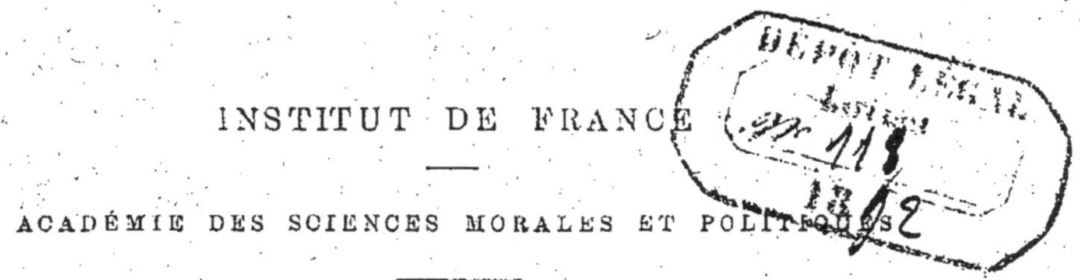

—

LES SYNDICATS DE COMMUNES

ET LA LOI DU 22 MARS 1890

COMMUNICATION

FAITE A L'ACADÉMIE DES SCIENCES MORALES ET POLITIQUES

dans sa Séance du 7 Mai 1892

PAR

M. FERDINAND DREYFUS

PARIS

ALPHONSE PICARD, ÉDITEUR

82, RUE BONAPARTE, 82

—

1892

INSTITUT DE FRANCE

—

ACADÉMIE DES SCIENCES MORALES ET POLITIQUES

LES SYNDICATS DE COMMUNES

ET LA LOI DU 22 MARS 1890

COMMUNICATION

FAITE A L'ACADÉMIE DES SCIENCES MORALES ET POLITIQUES

dans sa Séance du 7 Mai 1892

PAR

M. FERDINAND DREYFUS

PARIS

ALPHONSE PICARD, ÉDITEUR

82, RUE BONAPARTE, 82

—

1892

EXTRAIT DU COMPTE RENDU
De l'Académie des Sciences morales et politiques
(INSTITUT DE FRANCE)
Par MM. Henry VERGÉ et P. de BOUTAREL
Sous la direction de M. le Secrétaire perpétuel de l'Académie

LES SYNDICATS DE COMMUNES

ET LA LOI DU 22 MARS 1890.

I

Organisation collective des communes depuis 1789 jusqu'en 1869.

Le morcellement excessif des communes rurales a frappé de tout temps le législateur. Du fractionnement exagéré de la vie municipale viennent la faiblesse des ressources, la difficulté de trouver des mandataires capables, l'éparpillement de l'action administrative, en un mot l'impuissance des communes françaises à devenir le pivot d'un régime de self-government.

Le nombre de nos petites communes est resté à peu près le même que celui des paroisses antérieures à la Révolution. D'après le dernier recensement de 1891, on comptait 36,144 communes; 92 avaient une population inférieure à 50 habitants, 784 avaient moins de 100 habitants; dans 16,714 communes, la population variait de 100 à 500 âmes; dans 10,169 âmes, de 500 à 1,000 âmes; 8,385 communes seulement renferment plus de 1,000 habitants.

Au lendemain même des lois sur l'organisation administrative, l'Assemblée Constituante s'aperçut des difficultés créées par le maintien des anciennes circonscriptions paroissiales. « Leur nombre, dit M. Vivien, était considérable; et, par leur peu d'habitants, par leur pauvreté, par l'absence des lumières sans lesquelles toute administration est impossible, la plupart se montraient hors d'état de subvenir à leurs charges, de gérer leurs intérêts, d'exercer les droits dont elles avaient été investies. D'autres, au contraire, par leur étendue, leur population, l'agitation dont elles étaient le foyer, suscitaient des inquiétudes au gouvernement (1). »

La Constitution de 1795 tenta de prévenir ces périls. Dans les communes de plus de 100,000 habitants, elle créa trois administrations municipales. Les communes inférieures à 5,000 habitants furent réunies pour former des municipalités cantonales ; elles ne conservaient comme marque d'individualité qu'un simple agent et un adjoint.

Comme toutes les mesures purement politiques, ces lois dépassaient le but qu'elles voulaient atteindre. Le canton engloutissait les communes devenues de simples sections. Cette absorption forcée en laissait 30,000 sans administration personnelle, sans budget, privées du droit de gérer leur patrimoine par leurs représentants naturels.

La loi du 28 pluviôse an VIII n'était pas généreuse en matière de libertés ; elle fut pourtant accueillie avec joie par les populations rurales ; elle supprimait les municipalités cantonales, et, en rétablissant les anciennes communes, elle les remettait en possession de leurs droits élémentaires.

La loi du 8 pluviôse an IX sur les justices de paix créa des circonscriptions judiciaires auxquelles l'arrêté du 9 fructidor an IX donna le nom de cantons. Le canton est redevenu, depuis, une simple division politique ou géographique ; il sert de cadre pour l'élection des conseillers généraux et des conseillers d'arrondissement, pour la formation du jury, le recrutement, la perception, la brigade de gendarmerie ; son chef-lieu est le siège du curé-doyen,

(1) Rapport présenté à l'Assemblée législative au nom du Conseil d'État le 31 janvier 1850.

mais il reste étranger au régime communal et aux administrations locales.

En 1831, en 1833, on voulut l'organiser. M. Bresson fit
une proposition dans ce sens : « L'isolement, disait-il, voilà
l'obstacle qui s'oppose à toutes les améliorations que ré-
clame l'intérêt général. »

Au moment de la discussion de la loi du 18 juillet 1837, la
commission de la Chambre proposa de former tous les ans,
au chef-lieu de chaque canton, une réunion des maires de
toutes les communes, chargée de donner son avis sur les
intérêts du canton et sur les objets que les lois spéciales lui
conféreraient ou que le préfet lui soumettrait.

On essayait ainsi de donner aux communes une expres-
sion et des organes collectifs. MM. Vivien et Odilon Barrot
soutinrent le projet, M. de Rémusat le combattit. « Les
intérêts cantonaux n'existant pas, disait-il, il est plus sage
de ne pas appeler les citoyens à délibérer quand ils n'ont
rien à discuter ensemble. »

La proposition ne fut pas adoptée. La loi du 18 juillet 1837
ne retint que deux modes de groupement. Le premier a
pour objet l'exécution d'un travail public intéressant plusieurs communes : les conseils municipaux délibèrent sépa-
rément sur leurs intérêts respectifs, et, s'ils sont en désac-
cord, le conseil général prononce sur l'exécution du
travail et sur la part de dépenses que chaque commune
doit supporter. Si les conseils municipaux appartiennent à
des départements différents, il est statué par décret.

Il arrive aussi que les communes ont des droits ou des
biens indivis. On cite, dans les Basses-Pyrénées, huit
groupes distincts co-propriétaires de terrains indivis : l'un
d'eux, appelé pays de Soule, comprend 43 communes et
possède environ 15,000 hectares.

Il peut être institué, par décret, une commission composée des délégués des conseils municipaux des communes
intéressées. Chacun des conseils élit dans son sein, au

scrutin secret et à la majorité des voix, le nombre de délégués déterminé par le décret. Le président ou syndic est nommé par le préfet (1).

Les attributions de la commission et du syndic se bornent à l'administration des propriétés communes dans le sens restreint de ce mot. Elles sont à cet égard les mêmes que celles des maires et des conseils municipaux.

La Constitution de 1848 avait admis un principe nouveau. Elle disposait par l'article 77 qu'il y aurait dans chaque canton un conseil cantonal, et elle chargeait la loi d'en déterminer les attributions. Ce fut l'objet du rapport présenté par M. Vivien au nom du Conseil d'État à l'Assemblée Législative le 31 janvier 1851.

Ce projet en trente articles embrassait la composition des conseils cantonaux, les règles sur leur réunion et leurs attributions. Envisager dans leur ensemble et régir les intérêts, les besoins, les affaires collectives des communes, organiser légalement les relations nécessaires et habituelles nées du voisinage et de l'identité des intérêts, concentrer en vue de leur solidarité réciproque les ressources communales individuelles : telle était la question à résoudre.

Le projet se tenait à l'écart de la tentative violente de 1795. Avant d'aller plus loin, on jugeait utile d'attendre que les vœux des communes devançassent les résolutions de la loi.

Les attributions du conseil cantonal étaient consultatives. Il donnait son avis sur les questions intéressant l'agriculture, l'hygiène et la santé publique; il devait tous les ans faire au Préfet un rapport sur la police rurale, sur le service des agents-voyers et des gardes-champêtres.

La commission de l'Assemblée Législative alla plus loin que le Conseil d'État; elle proposa de confier au conseil

(1) Voir Aucoc : *Conférences de droit administratif*, tome Ier.

cantonal la sous-répartition du contingent des contributions directes, entre les communes du canton. D'après le projet, il pouvait aussi recevoir les dons et libéralités en vue de fonder des établissements d'utilité cantonale, et distribuait entre les communes les fonds de secours ou d'entretien.

Le rapport de la Commission déposé le 12 juillet 1851 ne fut jamais discuté.

II

Organisation collective des communes depuis 1869 jusqu'en 1890

Les projets d'organisation cantonale sommeillèrent pendant dix-huit ans. En 1869, le Conseil d'État fut de nouveau saisi de la question. La grande Commission de décentralisation de 1870 conclut à la suppression des conseils d'arrondissement et à leur remplacement par des conseils cantonaux.

De 1871 à 1884, l'initiative parlementaire tenta à diverses reprises de résoudre le problème.

Ces propositions n'allaient pas jusqu'à concentrer au canton les services publics d'intérêt commun. Elles se bornaient à donner aux conseils cantonaux, à l'égard des établissements cantonaux d'assistance publique, les attributions que possèdent les conseils municipaux sur les établissements municipaux de bienfaisance.

Le projet d'organisation communale déposé en 1877 par M. Jules Simon au nom du gouvernement contenait une innovation utile: une même procédure était organisée pour l'exécution des travaux communs et pour l'administration des biens indivis ; une commission intermunicipale était chargée dans les deux cas de répartir la dépense entre les communes intéressées.

En 1882, M. Goblet présenta un projet général. Le canton

devenait une unité administrative pourvue de tous ses organes, prenant rang entre le département et la commune, ayant son budjet particulier. L'assemblée cantonale avait pouvoir délibératif complet. Le canton devenait une personne morale.

Ce projet, diversement apprécié, fut retiré par le gouvernement en 1883.

La Commission municipale qui a préparé la loi de 1884 essaya de donner une satisfaction partielle aux partisans des conseils cantonaux. Elle avait proposé d'instituer des commissions intercommunales pour délibérer sur la création ou l'entretien à frais communs 1°) d'écoles d'enseignement primaire supérieur, professionnel ou agricole, — 2°) d'établissements de bienfaisance, hôpitaux ou asiles de nuit, — 3°) de voies desservant une ou plusieurs communes.

Ces commissions pouvaient comprendre soit plusieurs communes soit la totalité des communes d'un canton. Elles étaient instituées soit d'office, soit par arrêté du préfet. Elles avaient, pour l'exécution des travaux et la gestion des établissements communs, les mêmes attributions que les conseils municipaux. Chacun des conseils intéressés devait approuver la part de dépenses assignée à chaque commune par les délibérations de la commission intercommunale ; cette dépense devenait alors obligatoire.

En 1884, le Sénat refusa d'approuver ces dispositions. Il trouva excessif de contraindre les communes à se syndiquer dans certaines conditions déterminées pour la création d'établissements qu'aucune peut-être ne désirait. Il se contenta de transporter dans la législation municipale le système des commissions interdépartementales établi par la loi de 1871 sur les conseils généraux.

Aux termes de la loi de 1884, l'entente entre les Conseils municipaux peut porter sur tous les objets d'utilité communale à entreprendre ou à conserver ; le nombre des délégués de chaque commune est fixé par la loi ; les conférences sont purement consultatives ; leurs décisions ne sont exécutoires qu'après avoir été ratifiées par tous les conseils municipaux.

La loi de 1884 a également reproduit sauf de légères modifications, les règles sur l'administration des biens indivis.

Ainsi, sous l'empire de la loi de 1884, les communes avaient à leur disposition deux moyens de pourvoir aux besoins créés par leur communauté d'intérêts : l'entente au moyen de conférences intercommunales et l'organisation de commissions syndicales.

Mais la loi était trop imparfaite pour que ces associations de communes pussent produire des résultats utiles.

« L'accord des conseils municipaux intéressés n'avait point pour effet de constituer une autorité nouvelle ayant pouvoir et responsabilité pour le fonctionnement du service créé. »

L'étude de la question fut reprise en 1884 par le gouvernement et aboutit à la loi du 22 mars 1890.

III

Législation comparée

En cette matière comme en toute autre, la législation comparée pouvait offrir d'utiles modèles.

« Les petites communes abondent en Angleterre, en Amérique, en Suisse, en Allemagne, en Autriche-Hongrie. Mais ces cinq Etats se préservent des mauvais effets du morcellement en ayant recours à des régimes distincts pour les agglomérations rurales et pour les agglomérations urbaines (1).

Ne parlons ni des grandes communes italiennes qui peuvent se mouvoir dans un large cercle d'attributions, ni du « township » américain, pour examiner seulement comment

(1) Ferrand. *Les pays libres ; leur organisation et leur éducation* (1883).

la question a été résolue en Angleterre, en Autriche-Hongrie, en Prusse et en Russie.

En Angleterre, les institutions locales sont le palladium de la liberté politique : « Sans elles, disait M. Gladstone, nous n'aurions pu conserver nos institutions centrales. » Les individus, libres, occupés et responsables, se meuvent dans cinq sphères administratives dont l'infinie variété embrasse dans leurs détails complexes tous les intérêts locaux ; c'est la paroisse, l'union de paroisses, le district de bureau local, le bourg municipal corporé et le comté.

La paroisse est la cellule embryonnaire, civile et ecclésiastique. L'union des paroisses correspond à notre Syndicat de communes. C'est la paroisse agrandie. Elle est née de la difficulté pour les paroisses chétives et mal peuplées de supporter les charges de la loi des pauvres.

C'est un acte de 1782 (Gilbert's Act) qui lui a donné l'existence légale.

Elle permet d'asseoir sur une base uniforme la perception des taxes locales et de faire cesser les fraudes commises par les paroisses dans l'évaluation des revenus sur lesquels devaient porter ces taxes.

Aux termes de deux actes de 1862 et de 1864, les administrateurs de l'Union nomment un « Assessment Committee » chargé d'établir et de maintenir l'uniformité des évaluations de revenus. Ces administrateurs sont nommés à raison d'un par paroisse par les contribuables et paroissiaux. Les juges de paix peuvent se joindre à eux.

Ces unions assurent ainsi aux paroisses unies une administration plus active, plus intelligente, plus dégagée des intérêts de clocher (1).

En Autriche-Hongrie, les lois du 17 mars 1849 et du 5 mars 1862 créent entre la commune et la province une

____

(1) *Bulletin de la Société de législation comparée*, février 1874, p. 67 et suivante

représentation de cercles (Kreis) et de districts (Bezirks-æmter). Cette représentation statue sur les intérêts communs à tous les cercles ou districts ; elle exerce la tutelle sur les communes ; elle prononce en appel sur certaines décisions des assemblées municipales.

L'ensemble des communes situées dans un district forme la commune de district. Les intérêts locaux du district sont administrés par un conseil sous la direction d'un « Obmann » choisi dans son sein. De même l'ensemble des communes de districts situées dans un même cercle forment une commune de cercle administrée par un conseil qui choisit aussi son « Obmann » (1).

En Prusse, la loi du 13 décembre 1872, permet aux communes et districts de terre unis par leur situation géographique de former des bailliages (Amtsbezirke). Le comité de bailliage (Amtsauschuss) est composé des représentants des diverses communes et des divers districts ; un règlement dressé par la diète du cercle détermine le nombre des représentants et le nombre des voix en tenant compte du produit de l'impôt et de la population. Le comité de bailliage contrôle et vote les dépenses, délibère sur les réglements de police et nomme des commissions pour exécuter ses décisions.

Le bailli est chargé de la police, de la voirie, de la surveillance de l'entretien des chemins. Il est nommé pour 6 ans par le Président supérieur du cercle, sur la proposition de la diète parmi les habitants du bailliage (2).

En Russie, le canton (Volost) a servi de lien aux communes ; il est le noyau de leur association. Il comprend une assemblée cantonale (Volostnoï Skhod), un chef de canton (Starchina) et un comité cantonal (Volostnoï Pravunie).

L'assemblée cantonale se compose des fonctionnaires

(1) Voir Joseph Ferrand, ouvrage cité.
(2) *Annuaire de la Société de législation comparée*, 1873, p. 275.

électifs des communes et du canton et de délégués élus à raison d'un par dix feux. Elle nomme les employés cantonaux, les juges au tribunal cantonal. Elle s'occupe de l'assistance publique, des écoles, de la répartition des impôts cantonaux, de la révision des listes de recrutement. Le chef du canton, élu pour 3 ans, a sous sa direction tous les « starostas » anciens.

Le comité cantonal se compose du chef du canton, de tous les starostas des communes et des collecteurs des impôts communaux. Il statue sur l'affectation des fonds cantonaux, sur la nomination des employés salariés, etc. Les charges cantonales consistent en prestations en nature et en prestations en argent.

Parmi les charges obligatoires figurent les greniers communaux, l'assistance aux vieillards, les mesures en cas d'incendie ou d'inondation (1)(2).

IV

Loi du 22 mars 1890

La loi du 22 mars 1890 forme le titre VIII de la loi organique municipale.

Art. 169. — Elle détermine d'abord : 1°) les conditions auxquelles est subordonnée la création d'un syndicat ;

2°) Les formes dans lesquelles cette création est autorisée.

Le syndicat peut être formé non seulement par des communes d'un même département, mais encore par des

(1) *Annuaire de la Société de législation comparée* 1874, p. 422.

(2) En Bulgarie, les lois du 23 septembre et 5 octobre 1882, donnent au Préfet la faculté de nommer un syndicat pour suivre les affaires intéressant plusieurs communes. Les dépenses sont supportées par chaque commune proportionnellement à son intérêt et fixées par le Préfet· (*Annuaire* 1884, p. 722.)

communes appartenant à des départements différents, pourvu qu'ils soient limitrophes.

Les conseils municipaux intéressés « doivent affirmer leur volonté de s'associer en vue d'une œuvre définie, prendre des délibérations concordantes sur toutes les conditions de l'acte de société et décider notamment de consacrer à l'entreprise des ressources suffisantes.

Ces engagements, une fois pris, ne pourront ni être retirés ni être modifiés tant que l'œuvre ne sera pas terminée. »

Le caractère du service créé et le mode de réalisation doivent être nettement déterminés dans les délibérations initiales. C'est un décret rendu en Conseil d'État qui autorise s'il y a lieu la création du syndicat.

Ainsi apparaît le pouvoir d'appréciation supérieur de l'État.

Les syndicats communaux sont soumis comme les communes elles-mêmes à la tutelle administrative.

Le dernier paragraphe de l'article 169 a pour but de faciliter l'accès d'une association déjà créée à de nouvelles communes. Le consentement des communes syndiquées est nécessaire et, comme il s'agit d'agréger d'autres membres à un être moral déjà créé, un simple décret suffit pour approuver les délibérations prises par tous les conseils municipaux intéressés.

Art. 170, 172 et 174. — Les syndicats de communes ont la personnalité civile. Ils peuvent donc acquérir à titre onéreux ou gratuit, ester en justice, échanger, etc. Une fois autorisée, l'association nouvelle est assimilée à une commune agrandie.

En cette qualité, elle est soumise à toutes les dispositions de la loi du 5 avril 1884, en ce qui touche la tutelle et la comptabilité, les conditions de validité des délibérations du comité administrateur, l'ordre et la bonne tenue des séances, les conditions d'annulation des délibérations, les nullités et les recours.

Toutefois, les séances du comité ne sont pas publiques.

Cette personnalité civile est la disposition fondamentale de la loi. Elle assure aux syndicats les instruments nécessaires de leur fonctionnement. Elle marque le progrès réalisé sur les commissions syndicales, qui avaient été organisées par la loi du 5 avril 1884, et qui ne pouvaient faire que des actes d'administration.

Quel sera le siège du syndicat? La commune fixée par le décret d'institution sur la proposition des communes syndiquées. Au cas où le syndicat s'étend sur plusieurs départements, il ressortit à la préfecture du département auquel appartient la commune, siège de l'Association.

Art. 171. — Le comité administratif est à la fois le pouvoir délibératif et le pouvoir exécutif du syndicat. En règle générale, il se compose de membres élus à raison de deux délégués par commune, par les conseils municipaux des communes associées. La loi prévoit le cas où il y aurait intérêt, étant donnée l'origine des ressources de l'Association, à réserver des places dans le conseil du syndicat aux représentants du département ou des donateurs.

Les délégués peuvent être choisis même en dehors de l'assemblée communale; sauf cette réserve, leur élection est soumise aux mêmes règles que celle des maires et adjoints. Si un conseil municipal néglige ou refuse de nommer ses délégués, la commune est représentée dans le comité par le maire et le premier adjoint.

Art. 173. — Le comité tient deux sessions par an. Le président peut en outre convoquer des sessions extraordinaires; il doit le faire sur la demande du préfet ou de ses collègues. Le préfet et le sous-préfet assistent aux séances. Le président est chargé de l'exécution des décisions et représente le syndicat en justice.

Art. 175. — Le comité peut désigner des délégations composées de un ou plusieurs gérants, en déterminant l'étendue des mandats qu'il leur confère. Ces gérants peuvent être chargés de l'action exécutive, mais leur nomination et la détermination de leur mandat sont soumises à l'approbation préfectorale.

Art. 176. — L'administration des syndicats est soumise aux règles du droit commun et notamment à celles qui régissent les établissements créés pour assurer ou faciliter un service public. Ainsi, les établissements qui en font l'objet, sont soumis aux lois qui fixent pour les établissements analogues la constitution des commissions consultatives ou de surveillance, la composition ou la nomination du personnel, la formation et l'approbation des budgets. Les établissements administrés par les syndicats auront le plus souvent pour objet les secours à donner aux malades, aux vieillards, aux enfants et aux incurables : tel est le vœu du législateur. Le projet voté par la Chambre des députés en 1884 l'avait proposé à l'activité des syndicats, la loi de 1890 en fait une réalité.

Les comités des syndicats exerceront sur leurs établissements de bienfaisance les pouvoirs attribués par le droit commun aux conseils municipaux à l'égard des établissements de bienfaisance communaux. Le comité peut décider qu'une même commission administrera les secours à domicile et les secours à l'hospice. Cette fusion est un progrès. Réunir dans les mêmes mains tous les services d'assistance, c'est permettre une organisation plus méthodique et plus rationnelle des secours, c'est aussi assurer un meilleur emploi des ressources affectées à cet objet.

Art. 172 et 177. — Le budget du syndicat se divise, comme celui des communes, en budget ordinaire et budget extraordinaire. Il comprend en dépenses les allocations diverses destinées soit à la création, soit à l'entretien des établissements en vue desquels il est constitué.

Les recettes se composent :

1°) De la contribution que les communes syndiquées se

seront engagées à fournir pour l'établissement ou le service formant l'objet de l'Association ;

2°) Du revenu des biens, meubles ou immeubles appartenant au syndicat ;

3°) Des sommes qu'il aurait à recevoir des administrations publiques, des associations ou des particuliers, en échange d'un service rendu ; — 4°) des subventions de l'État, du département ou des communes ; — 5°) des souscriptions particulières qui seraient recueillies ; — 6°) du produit des dons et legs.

Les communes associées pourvoiront au payement de leur contingent, soit au moyen de leurs ressources disponibles, soit à l'aide du produit des 5 centimes spéciaux autorisés par l'article 177.

Rien n'empêche même le syndicat de contracter un emprunt, bien que le fait doive se présenter assez rarement, les syndicats n'ayant pas la faculté d'établir des impôts à leur profit. Toute opération d'emprunt doit être votée et autorisée dans les mêmes conditions que les emprunts communaux. Enfin, les règles de la comptabilité des syndicats sont les mêmes que celles qui sont fixées pour la comptabilité des communes.

Art 178. — Si des besoins nouveaux viennent à se révéler, le syndicat peut organiser les services intercommunaux autre que ceux qui ont été primitivement prévus. Comme de juste, cette extension ultérieure de ses attributions doit être précédée du consentement des Conseils municipaux des communes associées. Elle doit être autorisée, comme l'institution, par décret rendu en Conseil d'État.

Art. 179. — Le syndicat est formé soit à perpétuité, soit pour une durée déterminée par le décret d'institution. Tantôt la dissolution a lieu de plein droit, tantôt elle est facultative. Elle a lieu de plein droit :

1°) Par l'expiration du temps pour lequel le syndicat a été formé ;

2°) Par la consommation de l'opération qu'il avait pour objet ;

3°) Par le consentement de tous les conseils municipaux intéressés, c'est-à-dire par l'accord unanime des contractants.

Le syndicat peut aussi être dissous :

1°) Si la majorité des conseils municipaux en font la demande motivée ;

2°) D'office.

Dans le premier cas, un simple décret suffit ; dans le second, il faut un décret rendu conformément à l'avis du Conseil d'État. Cette garantie assure aux syndicats un recours juridictionnel préalable.

Le décret de dissolution détermine, sous la réserve des droits des tiers, les conditions dans lesquelles s'opère la liquidation du syndicat.

Art. 180. — La loi est appliquée à l'Algérie et aux autres colonies sous les mêmes réserves que la loi municipale.

V

Comparaison de la loi de 1890 avec la loi de 1884.

Les trois principes qui dominent la loi apparaissent clairement. L'association des communes est facultative. Il ne s'agit pas d'un nouveau rouage administratif, d'un nouveau groupement obligatoire, où elles risqueraient de perdre leur personnalité.

La loi leur laisse le droit de concentrer dans un but de force leurs intérêts similaires.

Cette liberté d'association intercommunale a pour limites le droit de surveillance et de contrôle de l'État. Les syndicats de communes ne peuvent avoir plus d'autonomie que les communes elles-mêmes. Ayant le même tuteur, ils doivent être soumis aux règles de la même tutelle.

Il n'y a d'unité administrative sérieuse que celle qui a la personnalité civile. En la conférant aux syndicats, la loi fait d'eux des organismes propres, capables de posséder et de recevoir, ayant leur budget, doués d'une vie personnelle et d'une activité individuelle.

La loi de 1890 développe le germe déposé dans la loi de 1884 : Les conférences intercommunales n'étaient que consultatives, les syndicats ont leur pouvoir délibérant, leur pouvoir exécutif, leurs sessions, leurs recettes et leurs dépenses.

Les conférences étaient provisoires ; les syndicats sont des êtres moraux ; la vie que la loi leur donne ne peut cesser que dans des cas qu'elle détermine et sous des garanties qu'elle fixe.

Les décisions des conférences étaient soumises à l'approbation des conseils municipaux ; celles des syndicats sont exécutoires sous le seul contrôle de l'autorité supérieure.

Dans le premier cas, les mandataires des communes n'étaient désignés qu'*ad referendum ;* dans le second, ils sont investis des pleins pouvoirs des associés et se fondent dans l'être nouveau créé par leur libre consentement.

Les conférences n'ayant pas de budget, il fallait recourir aux communes représentées pour assurer les ressources nécessaires à l'ouvrage ou à l'institution d'utilité collective ; les syndicats ayant un budget pourvoient eux-mêmes aux besoins de l'association. Ils n'atteignent pas le contribuable directement et personnellement, c'est sur la collectivité qui s'appelle commune qu'est perçue la contribution ; et cette contribution une fois votée par les communes associées devient pour elles obligatoire.

Les deux organismes ont le même but ; mais le cercle d'action des conférences ne pouvait s'écarter de l'objet primitif, déterminé d'avance ; le syndicat peut s'étendre à tous les services intercommunaux pourvu que les communes associées autorisent cette extension et que l'État l'approuve.

VI

Différences entre les Syndicats de communes et les projets de conseils cantonaux.

Il est facile de marquer les différences qui séparent la loi de 1890 des lois projetées sur les conseils cantonaux. Tantôt ceux-ci n'étaient que des unités administratives nouvelles sans initiative, sans attributions, sorte de pierre d'attente d'un organisme futur, tantôt on en faisait le pivot d'un nouveau mécanisme : le canton — personne civile, — était doté d'attributions ravies à la commune et de ressources prélevées sur le budget municipal.

De là, deux ordres d'objections : créer des conseils consultatifs, c'était former 2881 corps électifs nouveaux, c'était compliquer la machine sans activer le mouvement ; — faire du canton un être moral, c'était heurter l'esprit municipal et détruire les germes de vie locale, si nécessaires aux mœurs d'un pays libre.

Les syndicats échappent à ce double péril. Étant facultatifs, ils ne naîtront que de la communauté démontrée de besoins collectifs. Point de loi uniforme qui les impose à tous les cantons de France. L'État les propose à la libre initiative des communes désireuses de se rejoindre et de fortifier leur action.

Les conseils cantonaux s'appliquaient à des unités préexistantes, souvent factices et peu homogènes ; les syndicats s'appuient sur la liberté du groupement des communes associées. La proximité territoriale n'est qu'une des causes de la réunion ; ce qui fait le lien, c'est le rapprochement des intérêts ou la perception de l'œuvre à exécuter ou à gérer.

Ces syndicats ne peuvent enfin empiéter sur la vie communale. Ils ne vivent pas aux dépens des communes qui les ont formés. C'est le pacte qui, en définissant l'objet social, règle les attributions adéquates à cet objet. En d'autres termes, ce sont des unions volontaires, spontanées et libres, qui se superposent aux communes sans les absorber, et concentrent les efforts trop disséminés de groupes trop restreints en vue d'une meilleure organisation des services publics.

VII

Applications de la loi de 1890.

La loi du 22 mars 1890 n'est point encore d'un usage très répandu. Une seule association s'est formée depuis sa promulgation. C'est un syndicat créé, par décret du 26 mars 1892, entre les communes de Pantin, Bagnolet, Les Lilas et les Prés-Saint-Gervais (Seine), en vue de la création d'un hospice destiné à recevoir les vieillards indigents.

Le décret, restant en deçà de la loi, décide que la Commission administrative sera composée du président du comité et de six membres, dont deux élus par le comité et quatre nommés par le préfet.

Trois autres projets sont pendants devant le Conseil d'État : un syndicat entre plusieurs communes de Seine-et-Oise pour la concession d'un tramway allant de Maisons-Laffitte à Neuilly ; un syndicat entre quatre communes des Bouches-du-Rhône pour la dérivation des eaux de la Durance ; un syndicat entre trois communes du Jura pour fonder un bureau de bienfaisance intercommunal alimenté par une fondation (1).

VIII

Avenir de la loi de 1890.

Quel sera l'avenir de la loi du 22 mars 1890 ? Ira-t-on, comme l'avait proposé un député, M. Dupuy, jusqu'à appli-

---

(1) Nous devons ces renseignements à l'obligeance de MM. Rabany et Morgan, chefs de bureau au Ministère de l'intérieur.

quer le principe des associations facultatives aux départements?

Se fondera-t-on sur cette innovation pour revenir à des
groupes régionaux, plus vivaces que les circonscriptions
administratives actuelles? Ce sont là des prévisions à longue
échéance. Contentons-nous de prédire aux syndicats l'avenir que M. Vivien promettait aux conseils cantonaux :
« S'ils contribuent à éclairer l'administration, s'ils sont les
surveillants habiles et actifs des intérêts confiés à leur
examen, leurs attributions grandiront d'elles-mêmes, et la
loi qui les étendra reposera sur l'expérience qui est le
guide le plus sûr du législateur. »

Ferdinand DREYFUS.

Orléans — Imp. PAUL GIRARDOT